Manieren und Verhalten in der Schule und außerhalb

Anonym

Writat

Diese Ausgabe erschien im Jahr 2023

ISBN: 9789359255514

Herausgegeben von
Writat
E-Mail: info@writat.com

Inhalt

VORWORT

„Die oberste Aufgabe der Schule besteht darin, einen Sinn für Gerechtigkeit, die Kraft der Initiative, die Unabhängigkeit des Charakters, korrekte soziale und staatsbürgerliche Gewohnheiten und die Fähigkeit zur Zusammenarbeit für das Gemeinwohl zu entwickeln." – Dr. Frank Crane.

Wie entwickelt man richtige soziale Gewohnheiten, die Gewohnheiten eines Gentlemans oder einer Dame?

Sie entwickeln richtige soziale Gewohnheiten, genauso wie Sie richtige Gewohnheiten beim Ballspielen oder Schwimmen entwickeln – Sie entdecken die Regeln; dann übst du , übst , übst . Eine gute allgemeine Regel lautet: Tun Sie , was ein gütiges Herz einfordert; für,

das Freundlichste auf die freundlichste Art und Weise zu tun und zu sagen .

Wir hoffen aufrichtig, dass dieses kleine Buch Mädchen und Jungen dabei helfen kann, glücklichere, angenehmere und leistungsfähigere Bürger zu werden.

DIE DEKANINNEN DER GIRLS,
CHICAGO HIGH SCHOOLS.

Verhaltensmaximen

Lasst uns daran glauben, dass Recht Macht schafft; und in diesem Glauben wagen wir es, unsere Pflicht so zu erfüllen, wie wir sie verstehen.

–LINCOLN.

Was sich überhaupt lohnt, ist es wert, gut gemacht zu werden.

– GRAF VON CHESTERFIELD.

Verschwenden Sie keine Zeit, denn das ist der Stoff, aus dem das Leben besteht.

-FRANKLIN.

Das Erfolgsgeheimnis ist die Beständigkeit des Ziels.

–DISRAELI.

Schlechte Kommunikation korrumpiert gute Manieren.

-NEUES TESTAMENT.

Sei brav, süßes Mädchen, und wer will, sei klug;
Tue den ganzen Tag edle Dinge, träume sie nicht;
Und so machen Sie Leben, Tod und die große Ewigkeit zu
einem einzigen großartigen, süßen Lied.

–KINGSLEY.

Das Laster ist ein Monster von so furchtbarem Aussehen,
dass man es nur sehen muss, um gehasst zu werden.
Doch zu oft gesehen, vertraut mit ihrem Gesicht,
ertragen wir es zuerst, dann bemitleiden wir es und umarmen uns dann.

-PAPST.

Vergebens bezeichnen wir alte Vorstellungen als Fälschung
und beugen unser Gewissen unserem Handeln.
Die Zehn Gebote werden sich nicht ändern,
und das Stehlen wird weiterhin stehlen.

– LOWELL.

GRUSS

Mädchen, das Wort „ *Dame* "sollte im Idealfall ein Mädchen (oder eine Frau) bedeuten, die sich körperlich fit hält, auf hohem Niveau denkt und sanfte und gewinnende Manieren hat.

Jungs, das Wort *Gentleman bedeutet im Idealfall einen feinen, athletischen, männlichen Kerl, der* im besten Sinne ein rundum guter Sport ist und dessen Manieren andere Menschen nicht daran hindert, zu sehen, wie gut er ist.

DIE STRASSE

Denken Sie daran, dass bei der Ausübung jeder Lebenshandlung eine angemessene Würde und Proportion zu beachten ist.

– Marcus Aurelius.

1) Wenn ihr gut erzogen seid, Mädchen, werdet ihr nicht auf der Straße herumlungern, um miteinander zu reden; viel weniger für Jungen. Straßenbesuche sind tabu.

2) Jungs, ein Herr hält keine Freundin oder Freundin an einer Straßenecke fest. Wenn er jemanden trifft, mit dem er länger als einen Moment sprechen möchte, bittet er um Erlaubnis, ein Stück mit ihr gehen zu dürfen. In dem Moment, in dem er sie festhält, spricht ein Herr mit seinem Hut in der Hand.

3) Sie wissen, dass ein Junge seinen Hut oder seine Mütze heben sollte, um ein Mädchen oder eine Bekannte anzuerkennen, die er auf der Straße trifft. Aber vielleicht wissen Sie nicht, dass die gleiche Höflichkeit einem Mann durchaus entgegengebracht werden kann und auch sein muss, wenn der Mann mit einem Mädchen oder einer Frau spazieren geht.

4) Auf die Straße oder den Bürgersteig zu spucken kann die Gesundheit anderer gefährden und einen vulgären und „abscheulichen" Eindruck erwecken. Benutze dein Taschentuch.

DIE STRAßENWAGEN

Unbescheidene Worte lassen sich nicht verteidigen , denn ein Mangel an Anstand ist ein Mangel an Sinn.

– Graf von Roscommon.

1) Vermeiden Sie es, anderen vorauszueilen, um sich einen Sitzplatz in einer Straßenbahn oder einen anderen besonderen Vorteil zu sichern. Jemand muss der Letzte sein; warum du nicht? Wenn ein Vorrücken außerhalb der Reihe notwendig ist, wird ein wenig Überlegung, begleitet von „Ich bitte um Verzeihung" oder „Entschuldigen Sie bitte", den Weg am schnellsten und angenehmsten ebnen; Andernfalls respektieren Sie „die Linie".

2) In einer Straßenbahn, Jungs, solltet ihr höflich euren Hut berühren und euren Platz einer stehenden Frau, einem Mädchen oder einem älteren Mann anbieten. Ihre Höflichkeit sollte mit einer Verbeugung und einem „Danke" quittiert werden.

3) Mädels, wenn euch ein Sitzplatz angeboten wird, akzeptiert diesen sofort mit „Danke". Erklären Sie nicht, dass Ihnen das Stehen nichts ausmacht.

4) Wenn Ihre Stimme oder Ihr Verhalten auf der Straße, in Straßenbahnen und an allen öffentlichen Orten Aufmerksamkeit erregen, werden Sie als „laut", „gemein" und vulgär angesehen.

5) Das Kauen von Kaugummi in der Straßenbahn, in der Kirche oder an jedem anderen Ort außerhalb Ihres eigenen Privatzimmers stempelt Sie sofort als „gewöhnlich" ab.

KORRIDORE

Freiheit existiert im Verhältnis zu gesunder Zurückhaltung.

–Webster.

1) Vermeiden Sie es, in den Gängen zu rennen; Fangen Sie rechtzeitig an und gehen Sie.

2) Vermeiden Sie Gedränge auf Treppen. Vermeiden Sie Gedränge durch die Türen der Aula. Wenn Sie sich in einer Menschenmenge befinden, bewegen Sie sich langsam und versuchen Sie, sich Luft zum Atmen zu verschaffen.

3) Vermeiden Sie es, Papier auf die Schließfächer zu werfen. Lassen Sie es nicht auf den Boden fallen; Aber wenn Papier da ist, üben Sie sich darin, es zu sehen und jedes Mal, wenn Sie den Korridor betreten, mindestens ein Stück aufzuheben. Dies nennt Dr. Crane eine „bürgerliche Gewohnheit".

4) Jungs, Hut ab beim Betreten des Gebäudes; Ziehen Sie sie nicht wieder an, bevor Sie an der Außentür stehen und bereit sind zu gehen, auch wenn Sie erwachsene Männer sehen sollten, die gegen diese Regel verstoßen.

5) Halten Sie eine Tür offen, damit ein Mädchen oder eine ältere Person Ihnen vorausgehen kann. Schauen Sie dann über die Schulter, um zu verhindern, dass die Tür einer Person, die möglicherweise folgt, wieder ins Gesicht schwingt.

6) Um optimal in Erscheinung zu treten, sollten Sie Ihre Hände nicht in die Hosentaschen stecken.

7) Versuchen Sie, sich nicht gegenseitig zu drängeln. Wenn Sie es zufällig tun, sagen Sie: „Entschuldigen Sie."

8) Beachtet, Jungs, dass wohlerzogene Männer aufstehen, wenn sie von einer stehenden Frau angesprochen werden.

9) Vermeiden Sie das Pfeifen im Schulgebäude und sogar in einem Privathaus, denn Ihr Pfeifen kann für manche, die nicht anders können, als es zu hören, störend sein.

10) Sei niemals so eklig, auf den Boden, auf die Treppe oder in den Papierkorb zu spucken; Benutze dein Taschentuch.

11) Pflegen Sie Ihre Fingernägel, Ihr Gesicht, Ihre Haare in Ihrem Zimmer zu Hause, nicht vor Spiegeln an Ihren Spindtüren oder an anderen öffentlichen Orten. Vergessen Sie es, nachdem Sie Ihre Toilette so gut wie möglich gemacht haben.

12) Jungs, es ist nicht notwendig, den Mädchen beim Treppensteigen in der Schule zu helfen, es sei denn, sie sind blind oder verkrüppelt.

13) Mädchen, es ist besser, sich auf den Fluren und auf der Treppe nicht in den Armen zu halten; Außerdem sollten Sie sich nicht zärtlich küssen, wenn Sie sich für einige Momente trennen. Liebe deine Freunde sehr; aber sei vernünftig, nicht sentimental.

14) Jungs, beachten Sie, dass die Herren dort in dem Moment, in dem eine Frau oder ein Mädchen einen Personenaufzug betritt, ihre Hüte abnehmen – es sei denn, die Umstände verhindern dies.

KLASSENZIMMER

In Worten wie in der Mode gilt die gleiche Regel, egal ob zu neu oder alt: Seien Sie nicht der Erste, der das Neue ausprobiert, und auch nicht der Letzte, der das Alte beiseite legt.

-Papst.

1) Wenn Sie Ihr Klassenzimmer betreten und wenn Sie es verlassen, schauen Sie zu Ihrer Lehrerin und verbeugen Sie sich freundlich, wenn sie hinschaut.

2) Sagen Sie „Ja, Miss Brown"; nicht nur „Ja", wenn Sie den Namen des Angesprochenen kennen. Wenn Sie ihren Namen nicht kennen, lassen Sie Ihren Ton und Ihr Verhalten so deutlich Ihren Respekt zum Ausdruck bringen, dass das Weglassen des Namens nicht bemerkt wird. Sagen Sie „Ja, Sir" zu Männern. Und merke dir,-

Herzen werden wie Türen mit Leichtigkeit zu sehr, sehr kleinen Schlüsseln geöffnet ; Und vergessen Sie nicht, dass zwei davon lauten : „Vielen Dank, Sir" und „Bitte."

3) Schieben Sie sich beim Sitzen so weit wie möglich auf dem Stuhl nach hinten und beugen Sie sich von der Hüfte aus nach vorne. Halten Sie dabei Ihre Wirbelsäule gerade und nicht gekrümmt. Die Art und Weise, wie Sie sitzen, gehen oder stehen, zeigt Kultur oder deren Mangel.

4) Stehen Sie beim Rezitieren aufrecht mit den Händen an den Seiten. Ihre Haltung wird positive Aufmerksamkeit erregen, wenn Sie mit einem Fuß leicht vor dem anderen stehen und das Körpergewicht auf dem vorderen Fuß lastet.

5) Sprechen Sie so deutlich, dass jeder im Raum Sie hören muss; Andernfalls wird nicht jeder Ihre Meinung verstehen.

6) Vermeiden Sie es, die Hand zu heben, wenn Sie eine Frage stellen oder beantworten möchten. Stehen Sie stattdessen ruhig auf, wenden Sie sich Ihrer Lehrerin zu und warten Sie, bis sie Sie erkennt, als wären Sie bei einem Clubtreffen.

7) „Erzählen" Sie niemals, wenn ein anderer versucht zu rezitieren. Solch ein „Erzählen" zerstört die Denkfähigkeit der anderen Person und hilft dabei, sich über Sie lustig zu machen.

ESSZIMMER

Es wurde immer angenommen, dass die Reinheit des Körpers eine Folge der gebührenden Ehrfurcht vor Gott sei.

-Speck.

1) Achten Sie darauf, dass Ihre Hände sauber sind.

2) Vermeiden Sie es, in oder durch den Lunch Room zu stürmen. Gehen.

3) Wenn Sie Ihr Essen zum Tisch tragen, achten Sie unbedingt darauf, dass es sicher an seinen Bestimmungsort gelangt.

4) Essen Sie im Speisesaal , nicht auf den Fluren, im Versammlungssaal oder auf der Straße. Nennen Sie vier gute Gründe für diese Richtung.

5) Essen Sie langsam und geräuschlos; nicht „füttern". Vermeiden Sie es, mit vollem Mund zu sprechen. Nehmen Sie kleine Bissen, damit Sie reden können, ohne Anstoß zu erregen. Halten Sie beim Kauen die Lippen geschlossen. Benutzen Sie niemals Ihr Messer, um Essen in den Mund zu führen.

6) Setzen Sie sich im Speisesaal, wie auch anderswo, mit geschlossenen Knien und beiden Füßen auf den Boden, nicht auf die Stuhlrunden.

Werfen Sie kein Papier und keinen Müll in die dafür vorgesehenen Behälter; Lass es dort *fallen* .

8) Vermeiden Sie lautes Reden und Lachen. Der Tonfall der Stimme verrät ziemlich genau den sozialen Hintergrund des Jungen, des Mädchens, des Mannes, der Frau.

Ihre Stimme war immer sanft, sanft und tief – eine hervorragende Sache für eine Frau.

– SHAKESPEARE.

9) Halten Sie Ellbogen und Bandagen von den Tischen im Speisesaal fern; Setzen Sie sich außerdem nicht auf die Tische.

10) Hinterlassen Sie Ihren Platz im Speisesaal aufgeräumt und makellos und schieben Sie Ihren Stuhl an den Tisch.

11) Stehen Sie auf, wenn eine ältere Person den Raum betritt; Bleiben Sie stehen, bis Ihre Höflichkeit anerkannt wird oder bis die ältere Person Platz genommen hat. (Optional mit dem Lehrer im Klassenzimmer.)

12) Jungs, wenn ein Mädchen oder eine ältere Person einen Bleistift, ein Buch oder etwas Ähnliches fallen lässt, heben Sie es auf und geben Sie es unauffällig, aber mit einer kleinen Verbeugung, zurück.

13) Vermeiden Sie es, den Raum zu verlassen, wenn die Glocke klingelt. Gehen.

14) Öffnet die Tür, Jungs, aber lasst die Mädchen, wann immer möglich, zuerst ohnmächtig werden. Wenn viele in entgegengesetzte Richtungen vorbeikommen, halten Sie sich rechts.

15) Lachen Sie niemals über die Unfälle oder das Unglück anderer, auch wenn diese eine lächerliche Seite haben. Nichts zeugt so sicher von Unzucht.

Wer über das Leid anderer lacht, findet wenige Freunde und viele Feinde.

DIE VERSAMMLUNGSHALLE

Es gibt eine Zeit für einige Dinge und eine Zeit für alle Dinge; eine Zeit für große Dinge und eine Zeit für kleine Dinge.

— Cervantes.

Aktionen, die in der Turnhalle oder auf dem Spielplatz völlig angemessen sind, können in der Aula völlig untypisch sein. Denk darüber nach.

1) Vermeiden Sie jegliches Laufen, Toben und unnötigen Lärm im Versammlungssaal.

2) Vermeiden Sie die Nutzung der Aula als Durchgangsstraße. Nehmen Sie beim Eintreten sofort Platz und bleiben Sie dort, bis die nächste Glocke läutet. Sprechen Sie in sanftem Ton.

3) Vermeiden Sie es, im Versammlungssaal etwas zu essen.

4) Lassen Sie kein Papier auf den Boden fallen. Helfen Sie dabei, den Raum ordentlich und ordentlich zu halten.

5) Für ein Programm auf der Bühne und für allgemeines Singen versammeln Sie sich ruhig in den Mittelbereichen, wenn Ihr Versammlungssaal groß ist. Sie sollten dies tun, ohne auf eine Aufforderung zu warten. Nutzen Sie Ihr Urteilsvermögen.

6) Das Erscheinen einer Person auf der Bühne, die mit Ihnen sprechen soll, sollte Ihr Signal für sofortiges Schweigen und Aufmerksamkeit sein. Warten Sie nicht, bis Sie zur Bestellung gerufen werden. Rufen Sie sich zur Bestellung an.

7) Singen Sie so gut, dass Sie den allgemeinen Gesang zu einem Vergnügen machen. Es wird Ihnen viel mehr Spaß machen, als zu versuchen, das Programm zu verderben. Warum wirst du? Weil es in Ihrer Natur liegt, dass Sie mehr Freude daran empfinden, zusammenzuarbeiten und zu helfen, indem Sie Ihr Bestes geben, als wenn Sie behindern und vereiteln, indem Sie Ihr Schlimmstes tun. (Dies ist die Grundlage aller guten Manieren und des Bürgergeistes.)

8) Sie sollten aufmerksam und still sein, nicht nur, wenn jemand vom Podium aus mit Ihnen spricht und wenn eine „Nummer" irgendeiner Art gegeben wird, sondern auch während eines „Films". Menschen, die zu Besuch kommen, während andere versuchen, sie zu unterhalten, sind ein öffentliches Ärgernis. Lassen Sie sich nicht in diesen Kurs hineinrutschen. Erzählen Sie Ihrem Nachbarn auch nicht die Handlung eines Theaterstücks oder Films.

9) Niemals sollten Sie im Versammlungssaal oder an einem anderen Ort, an dem sich eine große Menschenmenge aufhält, stehen und winken, pfeifen oder „ huhu " machen, um die Aufmerksamkeit Ihrer Freunde zu erregen.

10) Wenn Sie den Versammlungssaal betreten, nachdem das Programm begonnen hat, suchen Sie sich einen Sitzplatz, der so leise ist, dass Sie nicht bemerkt werden.

11) Zeigen Sie Ihre Wertschätzung herzlich, aber vermeiden Sie übermäßigen Applaus. Niemals mit den Füßen stampfen oder pfeifen. Über ein bestimmtes Maß hinaus ist Applaus keine Höflichkeit mehr. Kultivieren Sie in dieser Angelegenheit einen guten Geschmack. Mäßigung ist ein Zeichen guten Geschmacks.

PFLICHT ZUM CLUB- ODER KLASSENSPONSOR

Ihr Auftreten, ihre Manieren wurden von allen, die es sahen, bewundert ;
Höflich, wenn auch schüchtern, und sanft, wenn auch zurückhaltend ;
Ihre Augen zeigten die Freude an Jugend und Gesundheit , und jeder ihrer Blicke
vermittelte Leichtigkeit .

–Crabbe.

1) Erinnern Sie Ihren Sponsor (oder Berater) zwei oder drei Tage im Voraus an Ihr Treffen.

2) Bevor Sie einen Plan in die Tat umsetzen, vergewissern Sie sich der Zustimmung Ihres Sponsors.

3) Behandeln Sie Ihren Sponsor so , dass er sich freuen wird, mit Ihnen zusammen zu sein.

Die Toilette

Sauberkeit ist das halbe Leben.

– Wesley.

1) In der Schule, im Geschäft, im Verein, in der Bahn, kurz gesagt, überall dort, wo Sie eine öffentliche Waschschüssel benutzen, hinterlassen Sie diese so sauber wie möglich.

2) Verstreuen Sie kein Toilettenpapier. Halten Sie die Toilettenräume ordentlich und sauber und frei von jeglicher Beschriftung an Türen, Wänden und Fenstern.

3) Halten Sie sich nicht in Toilettenräumen auf und besuchen Sie sie nicht.

PFLICHT GEGENÜBER IHREM CHAPERON

Auch wenn ihre Miene viel mehr Einladung als Befehl vermittelt, ist ihr Anblick ein sofortiges Hindernis, das es zu verlieren gilt Verhalten ; Sie zu lieben war eine liberale Erziehung.

– Steele.

Bei Schulempfängen, Schlittenfahrten, Klassentreffen in Privathäusern usw. gibt es immer eine Begleitperson, die sich Zeit für Ihr Vergnügen nimmt. Ihre Freundlichkeit sollte durch Ihre Höflichkeit belohnt werden.

1) Begrüßen Sie so schnell wie möglich nach der Begrüßung Ihrer Gastgeberin Ihre Begleitperson.

2) Sprechen Sie auch kurz vor dem Verlassen noch einmal herzlich und dankbar mit ihr.

3) Sorgen Sie dafür, dass Ihre Begleitperson nicht oft allein gelassen wird. Wenn es sich bei der Veranstaltung um einen Tanz handelt, laden Sie sie zum Tanzen ein; oder manchmal mit ihr tanzen gehen. Machen Sie ihr Freude daran, Ihre Begleitperson zu sein.

4) Versuchen Sie niemals zu bleiben, wenn die Zeit gekommen ist zu gehen.

5) Behindern Sie Ihre Begleitperson nicht, indem Sie über Ihren Bandagen herumlungern; Seien Sie bereit, wenn sie es ist, und verlassen Sie das Gebäude mit ihr.

PFLICHT GEGENÜBER IHRER GASTGEBERIN

Aber das Böse entsteht durch Mangel an Gedanken
und auch durch Mangel an Herz.

-Haube.

1) Bevor Sie mit anderen auf einer Party sprechen, begrüßen Sie Ihre Gastgeberin. dann die älteren Anwesenden; schließlich die jungen Leute.

2) Als Gast wird von Ihnen nicht erwartet, dass Sie sich von jedem verabschieden; Aber gehen Sie niemals, ohne sich von Ihrer Gastgeberin zu verabschieden und ihre Wertschätzung für ihre Bemühungen auszudrücken, Ihnen Freude zu bereiten.

3) Arbeiten Sie mit Ihrer Gastgeberin zusammen und versuchen Sie, alle Anwesenden glücklich zu machen. Wenn Sie Ihrer Gastgeberin diese Höflichkeit nicht erweisen, stellen Sie sich selbst als unerwünschten Gast dar.

4) Wenn es sich bei der Veranstaltung um einen Tanz handelt, Jungs, vermeidet zu viele aufeinanderfolgende Tänze mit demselben Mädchen. Wenn Sie Ihre Aufmerksamkeit merklich auf dasselbe Mädchen richten, fällt sie auf und trübt das allgemeine Vergnügen.

5) Mädchen, lehnen Sie aufeinanderfolgende Tänze mit demselben Jungen ab. Tun Sie es gnädig und erklären Sie, dass Sie es gerne annehmen würden, aber nicht egoistisch sein dürfen. Wenn er der richtige Typ ist, wird er es sofort verstehen oder später zur Besinnung kommen. Wenn er beleidigt ist, machen Sie sich darüber keine Sorgen; es lohnt sich nicht .

6) Schenken Sie den Mädchen, die nicht die ganze Zeit tanzen, etwas Aufmerksamkeit. Sie werden dankbar sein, Ihre Gastgeberin wird dankbar sein, Sie werden zufriedener sein, als wenn Sie sie vernachlässigen würden.

7) Unterlassen Sie niemals das Tanzen, wenn ein anwesendes Mädchen keinen Partner für diese Nummer hat. Unterlassen ist für Sie egoistisch und unhöflich gegenüber dem Mädchen und Ihrer Gastgeberin.

8) Mädels, verlässt nicht eine eurer Freundinnen, um mit einer anderen zu flüstern. Eine solche Aktion wird mit Sicherheit als unfreundlich und rücksichtslos angesehen.

9) Trainieren Sie Ihr Auge, um zu sehen, wie Sie zum Vergnügen aller oder eines einzelnen beitragen können, und handeln Sie umgehend. Ganz nebenbei steigern Sie so Ihren eigenen Genuss. Denken Sie oft an Tennysons Worte:

Denn Manieren sind nicht untätig, sondern die Frucht loyaler Natur und edler Gesinnung.

PFLICHT GEGENÜBER

Wenn es nicht schicklich ist, dann tu es nicht; Wenn es nicht wahr ist, dann sprich es nicht aus.

– Marcus Aurelius.

1) Nachdem Sie mit einem Mädchen getanzt haben, bedanken Sie sich bei ihr und gehen Sie mit ihr zurück zu ihrem Platz, zu ihrer Begleitperson oder zu ihrem nächsten Partner. Lassen Sie sie niemals allein mitten auf dem Boden stehen.

2) Mädchen, wenn Ihr Partner nicht gut tanzt, nehmen Sie es freundlich – aber nicht als zu großen Scherz – auf und helfen Sie ihm, es besser zu machen.

3) Vermeiden Sie es, einen Jungen mit der Seele im Blick anzusehen. Ein Mädchen hält den Schlüssel zur sozialen Situation in der Hand. Sie sollte eine solche Situation in der Schule auf einer herzlichen, aber völlig sachlichen Basis, absolut frei von Sentimentalität, gestalten.

4) Basieren Sie Ihre Freundschaften auf guter Kameradschaft, nicht auf rührseligen Emotionen oder auf Nähe. Die richtige Art von Mädchen- und Jungenfreundschaften kann ein Leben lang Freude bereiten; Die falsche Art muss eine ständige Bedrohung sein.

5) Seid nicht prüde, Mädels, sondern lasst jeden Jungen wissen, dass er die Finger von euch lassen muss. Wenn er es vermutet, wird ihn normalerweise ein kühler Blick von Ihrer Seite zurückhalten. Wenn nicht, meiden Sie ihn; Er ist deiner Freundschaft nicht würdig.

6) Jungs, ihr könnt leicht erkennen, was Mädchen von ihnen erwarten würden, wenn ihr euch ganz nah an sie setzt, ihre Hände haltet und eure Arme um sie legt. Aber sei männlich. Beschütze immer ein Mädchen; beschütze sie vor dir selbst, sogar vor sich selbst. Wenn sie nicht so geschützt werden möchte, meiden Sie sie wie die Pest.

7) Wenn Sie ein Mädchen besuchen, sollten Sie nicht nach zehn Uhr bleiben, auch wenn das Mädchen dies möchte. Mädchen, du solltest nicht drängen. Und, Mädels, beobachtet, wie sich eure Freunde in die Familiengruppe einfügen.

8) Ein Geschenk, das Sie sofort und herzlich anerkennen sollten. Aber Jungs, lasst eure Geschenke an Mädchen selten sein und sich auf Süßigkeiten, Bücher und Blumen beschränken.

9) Wenn Sie Ihre Anwesenheit denen aufzwingen, die Sie scheinbar nicht wollen, kristallisiert sich in ihnen das Gefühl der Feindseligkeit heraus.

Andererseits entschärft nichts dieses Gefühl der Feindseligkeit schneller als der Beweis von Feingefühl Ihrerseits.

10) Mädchen, es ist eine schlechte Politik, Jungen oft anzurufen, und es gehört zu den schlechten Manieren, zu pfeifen, um ihre Aufmerksamkeit zu erregen.

Es ist sowohl gegenüber Ihrer Gastgeberin als auch gegenüber den anderen Gästen unhöflich, dass Sie bei einem geselligen Treffen mit Hut und Mantel sitzen, Mädchen, – auch wenn Sie in wenigen Augenblicken gehen müssen.

PFLICHT GEGENÜBER ÄLTEREN MENSCHEN

Die sanftesten Manieren und das sanfteste Herz.

-Papst.

1) Zeigen Sie Ihren Vorgesetzten in Bezug auf Alter, Amt usw. besondere Ehrerbietung – nicht Gleichgültigkeit. Tun Sie dies nicht nur einmal, sondern immer. Achten Sie auf Möglichkeiten.

2) Stehen Sie auf, wenn eine ältere Person im Stehen anfängt, mit Ihnen zu sprechen.

3) Wenn Sie Musiker werden möchten, suchen Sie Hilfe beim besten Musiklehrer in Ihrer Nähe. Suchen Sie in der größeren Kunst, effektiv zu leben, Hilfe von denen, die Weisheit gelernt haben. In der Regel sind deine Eltern und deine Lehrer deine besten Ratgeber. Sie sind den Weg vor Ihnen gegangen und haben Ihre höchsten Interessen im Mittelpunkt. Höre ihnen zu. Machen Sie Ihr Leben nicht zu einem wilden Experiment voller Fehler; es zahlt sich nicht aus.

4) Betrachten Sie das Alter, auch nicht das fortgeschrittene Alter, niemals als Witz. Dies stumpft Ihr eigenes Empfinden ab.

EINLADUNGEN

Dieser Mann mag bestehen bleiben, aber niemals leben,
der viel empfängt, aber nichts gibt.

– Gibbons.

1) Wenn Sie eine schriftliche Einladung erhalten, senden Sie eine schriftliche Antwort. Die Antwort sollte der Einladung entsprechen und entweder formell oder informell sein.

2) Sie gelten als unhöflich, wenn Sie Ihre Notiz nachlässig falten, auf verschmutztem oder zerlumptem Papier schreiben, Bleistift statt Tinte verwenden oder Ihre Antwort verzögern.

3) Die Annahme einer Einladung verpflichtet Sie ehrenhaft zur Erfüllung Ihrer Verpflichtung. Wenn die Umstände dies verhindern, informieren Sie sofort denjenigen, der Sie eingeladen hat. und tun Sie es auf eine rücksichtsvolle Art und Weise.

EINFÜHRUNGEN

Stellen Sie einen Mann einer Frau vor, einen Jungen einem Mädchen, eine jüngere Person einer älteren Person, also: Mrs. Jones, darf ich meine Freundin Miss Holbrook vorstellen (oder vorstellen)? oder, Miss Brown, mein Freund Mr. Williams; oder, Vater, das ist Ethel Reed. Lassen Sie Ihr Auftreten und Ihre Stimme würdevoll und anmutig sein, Ihre Worte einfach. Aber *meiden Sie* – Mrs. Jones, treffen Sie Miss Holbrook; oder, Mr. Brown, schütteln Sie Mr. Smith die Hand.

TANZANFORDERUNGEN

Kommen Sie und stolpern Sie, während Sie
auf dem leichten, fantastischen Zeh gehen.

—Milton.

Die National Association of Dancing Masters ist für die folgenden Regeln verantwortlich. Man könnte durchaus denken, dass Tänzer, die sie missachten, entweder unwissend, unbeholfen oder vulgär sind.

1) Stellen Sie sich Ihrem Partner in einem Abstand von 15 bis 20 Zentimetern gegenüber, mit parallelen Körpern und parallelen Schultern.

2) Wenn Sie führen, legen Sie Ihre rechte Hand zwischen die Schultern Ihres Partners und halten Sie Ihren rechten Ellbogen weit vom Körper entfernt.

3) Sehen Sie, dass sich oben der linke Arm Ihrer Partnerin befindet, der jedoch nicht auf diesem Arm ruht, im rechten Winkel zu ihrem Körper, ihre Hand direkt hinter der Krümmung Ihrer Schulter.

4) Lassen Sie Ihre linke Hand mit der Handfläche nach oben die rechte Ihres Partners umfassen. Eine Linie von diesen Händen zu den gegenüberliegenden Ellbogen sollte parallel zu Ihren parallelen Körpern verlaufen.

5) Denken Sie daran: Wippen und Zappeln sind tabu. Lassen Sie die Feder von den Knöcheln und Knien kommen. Imitieren Sie die Anmut der Schwalbe.

Erfrischungen auf Partys

Sokrates sagte: „Böse Menschen leben, um zu essen und zu trinken, während gute Menschen essen und trinken, um zu leben."

-Plutarch.

1) Halten Sie Ihre Erfrischungen einfach und kostengünstig. Wenn Sie sich besser damit vertraut gemacht haben, lassen Sie sie häufig weg.

2) Jungs, ihr solltet wachsam sein, wenn ihr beim Servieren hilft, aber nutzt euer Urteilsvermögen; Gehen Sie nicht in einer Gruppe los, um sich beim Servieren oder Essen zu vergnügen.

3) Vermeiden Sie es, Krümel auf den Boden fallen zu lassen oder sie über die Serviertische zu verteilen. Stellen Sie keine heißen oder feuchten Gegenstände auf eine Oberfläche, die dadurch verunstaltet werden könnte.

4) Achten Sie besonders auf diejenigen, die schüchtern oder ängstlich wirken, sich unter die anderen Gäste zu mischen. Sorgen Sie dafür, dass es allen gut geht.

5) Helft sofort beim Aufräumen, Jungs, was aufgeräumt werden soll, und hinterlasst den Raum, den ihr nutzt, in perfekter Ordnung. Gehen Sie nicht weg und lassen Sie die Mädchen alles machen. Machen Sie sich nützlich, bis die Arbeit beendet ist.

TISCHMANIEREN

Manche haben Fleisch und können es nicht essen,
und manche würden essen, wenn sie es wollen;
Aber wir haben Fleisch und können essen,
Gott sei Dank .

– Verbrennungen.

1) Wussten Sie, dass Tischmanieren sofort Ausdruck Ihrer sozialen Kompetenz sind?

2) Jungen, ziehen Sie an einem Esstisch den Stuhl für das Mädchen oder die Frau neben Ihnen zurück, schieben Sie ihn unter sie, während sie sich setzt, und nehmen Sie dann Ihren eigenen Platz ein.

3) Mädels und Jungs, lasst eure Serviette offen auf eurem Schoß liegen.

4) Lassen Sie Ihre Serviette zu Hause ordentlich gefaltet oder im Ring, falls ein Ring vorhanden ist. Aber lassen Sie es locker neben Ihrem Teller liegen, wenn Sie in einem Hotel sind; teilweise zusammengeklappt, wenn Sie Gast in einem Privathaus sind.

5) Benutzen Sie niemals einen Zahnstocher am Tisch oder in Anwesenheit anderer. Wenn es unbedingt notwendig erscheint, am Tisch eines zu verwenden, bedecken Sie Ihre Lippen mit Ihrer Serviette; woanders, mit deinem Taschentuch.

6) Halten Sie Ihr Messer in der rechten Hand, nicht wie einen Stifthalter, sondern so, dass Sie mit dem rechten Zeigefinger leicht auf die Rückseite des Messers drücken können.

7) Halten Sie beim Schneiden von Lebensmitteln in einer ähnlichen Position die Gabelzinken mit der linken Hand nach unten. Aber wenn Sie Essen zum Mund führen, achten Sie darauf, dass die Zinken nach oben und nicht nach unten gebogen sind, und nehmen Sie die Gabel in der rechten Hand zwischen Daumen und Zeigefinger, sodass sie bequem in der Nähe der Spitze des zweiten Fingers liegt.

8) Ihr Tafelmesser sollte niemals dazu verwendet werden, Essen in den Mund zu führen.

9) Auf der linken Seite finden Sie Ihren kleinen Brot- und Butterteller und den Butterverteiler. Verteilen Sie niemals eine ganze Brotscheibe auf einmal; Brechen Sie eine Hälfte oder ein Viertel ab und verteilen Sie es auf Ihrem Brot- und Butterteller – nicht auf Ihrer Handfläche.

10) Wenn Ihr Teller für eine zweite Portion gereicht wird, lassen Sie Messer und Gabel nebeneinander darauf liegen; auch, wenn Sie fertig sind. Legen Sie Ihr Messer oder Ihre Gabel niemals teilweise auf den Tisch und teilweise auf Ihren Teller oder Ihren Serviettenring. Vermeiden Sie es, Ihr Essen auf Ihrem Teller zu vermischen.

11) Verwenden Sie beim Verzehr von Gemüse , Salat und Eis eine Gabel, sofern eine Eisgabel vorhanden ist.

12) Wenn Sie die Salatblätter Ihres Salats schneiden müssen, schneiden Sie sie mit der Gabel.

13) Machen Sie beim Kauen möglichst wenig Lärm und beim Essen vom Löffel überhaupt keinen. Manchmal , zum Beispiel beim Verzehr von knusprigem Toast, ist es sehr schwierig, ein knirschendes Geräusch zu vermeiden, aber essen Sie langsam und nehmen Sie nur sehr kleine Bissen zu sich, und Sie können Lärm vermeiden.

14) Trinken Sie nicht aus einer Tasse, in der sich ein Löffel befindet. Wenn Sie Ihren Teelöffel nicht verwenden, lassen Sie ihn auf der Untertasse liegen. Trinken Sie nicht aus Ihrer Untertasse. Rühren Sie ruhig um und legen Sie den Löffel sofort in die Untertasse.

15) Behalten Sie am Tisch Ihre Hände im Schoß, wenn Sie nicht essen. Mit Gegenständen auf dem Tisch herumzuspielen ist eine schlechte Form.

16) Vermeiden Sie es, sich zwischen den Kursen in Ihrem Stuhl zurückzulehnen; Halten Sie Ihre Wirbelsäule gerade, Ihren Körper leicht nach vorne geneigt und Ihren Geist mit dem Gespräch beschäftigt, das Sie angenehm gestalten möchten.

17) Iss von allem etwas weniger, als du könntest. Scheuen Sie sich vor dem geringsten Anschein von Gier.

18) Verwenden Sie Messer, Gabeln und Löffel in der Reihenfolge, in der Sie sie finden. Beobachten Sie im Zweifelsfall Ihre Gastgeberin.

19) Nachdem Sie Ihre Fingerspitzen in Ihre Fingerschale getaucht haben, trocknen Sie sie leicht auf Ihrer Serviette ab.

20) Wenn die Gastgeberin aufsteht, Jungs, steht auf und zieht den Stuhl des Mädchens oder der Frau neben euch zurück, wenn sie aufsteht, und lasst sie euch aus dem Zimmer vorangehen.

PFLICHT SICH SELBST GEGENÜBER

Dies vor allem: Sei dir selbst treu,
und es muss folgen, wie die Nacht der Tag,
du kannst dann niemandem gegenüber falsch sein.

–Shakespeare.

1) Nehmen Sie mindestens dreimal pro Woche ein Vollbad; Besser noch, jeden Tag.

2) Halten Sie Ihre Haare, Zähne, Fingernägel und Kleidung in gutem Zustand. Sehen Sie gepflegt aus.

3) Wenn Sie richtig essen, schlafen und Sport treiben, sind Ihre Gesundheit und Ihr Teint optimal. Wenden Sie sich zu diesem Thema an Ihren Gymnasiallehrer oder konsultieren Sie ein zuverlässiges Buch.

4) Mädels, wenn ihr eure Haare zu auffällig frisiert, zu tiefe oder zu dünne Taillen trägt, Puder und Rouge verwendet, erinnert ihr Jungen und Männer an die falsche Art von Frau. Der beste Zeitpunkt für Kosmetika, wenn man sie unbedingt benutzen muss, ist nicht die Schulzeit.

5) Kleiden Sie sich natürlich so schick wie möglich; aber im Wesentlichen verlassen Sie sich für Ihre Attraktivität auf Ihre Errungenschaften, Ihr sanftes Benehmen, Ihr Taktgefühl und Ihren aktiven Wunsch, es anderen bequem und glücklich zu machen.

6) Kultivieren Sie Charme, Mädchen und Jungen. Der beste Lehrer für „Wie man charmant ist" ist ein wirklich gütiges Herz. Das kann jeder von euch haben.

7) Wenn Ihr Herz freundlich ist, lernen Sie, interessant zu sprechen und intelligent zuzuhören.

8) Versuchen Sie zunehmend, Ihr Wort an Ihren Gedanken und Ihren Gedanken an die Tatsachen anzupassen. Genau zu sein bedeutet nicht, langweilig zu sein. Effektive Sprache erfordert viel Vorstellungskraft, aber sehr wenig Umgangssprache. Du verstehst und genießt es,—

Diese wachsenden Federn, die aus Caesars Flügeln gerissen wurden, werden ihn dazu bringen, einen gewöhnlichen Pitch zu fliegen.

Wenn jedoch jemand in einer umgangssprachlichen Formulierung davon sprach, „Caesars Dope zu klauen"; oder Caesar „von seinem Platz fallen" zu lassen, würde man sehen, dass etwas Schönes in dem Gedanken verschwunden war. Üben Sie, Ihre Ideen so attraktiv wie möglich auszudrücken.

9) Machen Sie keine scharfen Bemerkungen über diejenigen, die abwesend sind. Ihr Witz mag zwar einen Lacher hervorrufen, aber seine Unfreundlichkeit wird dazu führen, dass andere Sie weniger mögen. Es wird ihnen unangenehm sein, was Sie in *ihrer Abwesenheit* über sie sagen .

10) Wenn Sie neugierig auf das wunderbare Erlebnis sind, das wir „Geburt" nennen, denken Sie ehrfurchtsvoll daran und wenden Sie sich sofort an Ihren Vater oder Ihre Mutter, um Informationen einzuholen. Wenn Ihnen diese fehlen, wenden Sie sich an einen hochgesinnten Freund, der viel älter ist als Sie. Andernfalls fügen Sie einem Brief an das YMCA oder das YWCA oder das Federal Bureau of Information, Washington, DC, einen an Sie selbst adressierten frankierten Umschlag bei und fragen Sie nach dem Titel des besten Buches für einen Jungen oder ein Mädchen in Ihrem Alter über die Anfänge von Leben.

11) Hören Sie niemals auf Erklärungen von Unwissenden oder Vulgären. Unreine Gedanken zu diesem Thema führen zum Verderben von Körper und Geist. Reine Gedanken führen zu den wertvollsten Besitztümern, die die Welt geben kann: Vater, Mutter, Schwester, Bruder, Freund, Ehemann, Ehefrau, Kinder, Zuhause, Land.

12) Seien Sie zuverlässig. Wenn eine Qualität am wünschenswertesten ist , dann ist es die Zuverlässigkeit. In der Schule gibt es wunderbare Möglichkeiten, es zu kultivieren.

13) Jeder von Ihnen sollte das Ziel haben, wirtschaftlich unabhängig zu werden. Entscheiden Sie sich dazu für einen Beruf und planen Sie Ihr Studium entsprechend. Wenn Sie später etwas ändern möchten, ist das sehr gut. aber immer auf ein bestimmtes Ziel hinarbeiten.

14) Vermeiden Sie es, Ihren Unmut gegenüber einem Bekannten zu zeigen, indem Sie sich nicht verbeugen. Das zu tun ist grob. Selbst einem Feind sollte eine formelle Verbeugung verliehen werden. „Schneiden" Sie einen Bekannten nur dann, wenn Sie Grund zu der Annahme haben, dass er ein völlig ungeeigneter Begleiter ist.

15) „Versöhne" dich sofort mit einem Freund. „Es tut mir leid", hilft. Aber falls dies fehlschlägt, finden Sie einen Weg, der erfolgreich ist. Verliere deinen Freund nicht.

16) Seien Sie höflich, offen und freundlich. Versuchen Sie nicht, beliebt zu sein, indem Sie Aufmerksamkeit erregen. Die anzustrebende Popularität ist von kurzer Dauer.

HEIM

*Das ist die Prahlerei des Patrioten, wo immer wir umherstreifen: Sein erstes, bestes
Land überhaupt ist zu Hause.*

-Goldschmied.

1) Je feiner Sie sind, desto sicherer werden Sie sein, in Ihrem eigenen Zuhause
jede Höflichkeit zu üben, von der Sie wissen, dass sie anderswo angebracht
ist. Wenn Sie zu Hause nicht höflich und rücksichtsvoll sind, können Sie
nicht anders, als dies auch außerhalb Ihres Zuhauses zu zeigen.

2) Der Geist, der darauf abzielt, Vergnügen statt Ärger oder Schmerz zu
bereiten, wird keinen „Urlaub" machen wollen. Zunächst erfordert das
höfliche Denken und Handeln möglicherweise eine bewusste Anstrengung.
Durch beharrliches Üben kristallisiert sich dieses bewusste Bemühen jedoch
zu einer bestätigten Gewohnheit heraus; Das Ergebnis ist eine *Dame* , ein
Herr .